I LOVE TO SLEEP IN MY OWN BED

A bilingual book

내 침대에서 자는 게 좋아요

Shelley Admont

Illustrated by Sonal Goyal, Sumit Sakhuja

First edition, 2015
Translated from English by Jee-Hyeon Youn
윤지현 옮김
Library and Archives Canada Cataloguing in Publication

I Love to Sleep in My Own Bed (Korean Bilingual Edition)/ Shelley Admont

ISBN: 978-1-77268-013-3 paperback
ISBN: 978-1-77268-012-6 eBook

9882

Please note that the Korean and English versions of the story have been written to be
as close as possible. However, in some cases they differ in order to accommodate
nuances and fluidity of each language.

Although the author and the publisher have made every effort to ensure the accuracy and
completeness of information contained in this book, we assume no responsibility for
errors , inaccuracies, omission or any inconsistency herein.

for those I love the most

내가 가장 사랑하는 사람들에게

Jimmy, a little bunny, lived with his family in the forest. He lived in a beautiful house with his mom, dad, and two older brothers.

아기토끼 지미는 숲 속에서 가족들과 함께 살고 있었어요. 지미는 엄마와 아빠 그리고 두 형들과 아름다운 집에서 함께 살고 있었어요.

Jimmy didn't like to sleep in his own bed. One night, he brushed his teeth and before going to bed, he asked his mom, "Mom, can I sleep in your bed with you? I really don't like sleeping in my bed alone."

지미는 자기 침대에서 자는 걸 싫어했어요. 어느 날 밤, 지미는 잠자리에 들기 전 칫솔질을 한 후에 엄마에게 물었어요. "엄마, 엄마 침대에서 엄마랑 같이 자도 돼요? 내 침대에서 혼자 자기 정말 싫어요."

"Sweetie," said Mom, "everyone has his own bed, and your bed suits you just right."

"아가야." 엄마가 말씀하셨어요. "누구나 자기 침대에서 자는 거란다. 그리고 네 침대는 네 키에 꼭 맞잖니?"

"But, Mom, I don't like my bed at all," answered Jimmy. "I want to sleep in your bed."

"하지만 엄마, 전 제 침대가 정말 싫어요." 지미가 말했어요. "엄마 침대에서 잘래요."

"Let's do this," said Mom, "you get into your bed, and I'll hug you, tuck you in, and read you and your brothers a story. Then, I'll give you a kiss and sit with you until you fall asleep."

"이렇게 하자." 엄마가 말씀하셨어요. "네가 네 침대에 들어가면 엄마가 꼬옥 안아주고, 이불도 덮어주고, 너와 형들에게 동화책을 읽어줄게. 그런 다음 뽀뽀도 해주고 네가 잠들 때까지 옆에 앉아 있을게."

Mom hugged Jimmy and read a bedtime story to her three children. During the story, the children fell asleep.

엄마는 지미를 안아준 후에세 아이들 모두에게 동화책을 읽어 주셨어요. 아이들은 이야기를 들으면서 잠이 들었어요.

Mom gave all of them a goodnight kiss and went to sleep in her bed in her room.

엄마는 아이들 모두에게 잘 자라고 뽀뽀를 해주신 후에 엄마 방에 있는 엄마침대로 가서 주무셨어요.

In the middle of the night, Jimmy woke up. He sat up in bed, looked around, and saw that Mom wasn't next to him.

한밤중에 지미는 잠을 깼어요. 지미는 침대에서 일어나 앉아 주변을 둘러보았어요. 하지만 엄마는 지미 곁에 없었어요.

Then, he got out of bed, took his pillow and blanket, and sneaked quietly into Mom and Dad's room. He got into their bed, hugged Mom, and fell asleep.

그러자 지미는 침대에서 나와 자기 베개와 이불을 들고 부모님 방으로 살금살금 들어갔어요. 지미는 부모님 침대로 들어가 엄마를 껴안고 잠이 들었어요.

The next night, Jimmy woke up again. He took his pillow and blanket, and tried to leave the room like the night before. But just then, his middle brother woke up.

다음날 밤, 지미는 또 잠을 깼어요. 지미는 베개와 이불을 들고 전날 밤처럼 방에서 나가려고 했어요. 바로 그때, 작은 형이 잠을 깼어요.

"Jimmy, where are you going?" he asked.

"지미, 어디 가니?" 작은 형이 물었어요.

"Ah, ahh...," Jimmy stuttered, "nowhere. Go back to sleep."

"으응……" 지미는 말을 더듬었어요. "아무데도 안 가. 그냥 자, 형."

He quickly ran to his mom and dad's room. He sneaked into their bed and pretended to sleep.

지미는 엄마 아빠의 방으로 재빨리 달려갔어요. 지미는 부모님 침대 안으로 살짝 들어가 잠을 자는 척했어요.

But his middle brother was wide awake. When he discovered that Jimmy was sleeping in their mom and dad's bed, he was very upset.

하지만 작은 형은 아직 안 자고 있었어요. 작은 형은 부모님 침대에서 자고 있는 지미를 보고 몹시 화가 났어요.

So that's the way it is, is it? he thought. *If Jimmy is allowed, then I want to also.* With that, he got into their parents' bed as well!

작은 형은 '이래도 된단 말이지? 지미가 여기서 자도 된다면 나도 여기서 잘 거야' 하고 생각했어요. 그러면서 자기도 부모님 침대 안으로 들어갔어요!!

Mom heard the strange noises, opened her eyes, and saw the two children in bed. She made room for them in the bed, by making do with a small corner of the bed for herself.

이상한 소리가 나자 엄마께서 눈을 뜨셨어요. 그리곤 두 아이들이 침대 안에 있는 걸 보셨어요. 엄마는 아이들이 잘 수 있도록 자리를 내주고 침대 가장자리에 누우셨어요.

Again, they slept like that the whole night until the morning.

이번에도 그들은 다음날 아침까지 밤새도록 그렇게 잠을 잤어요.

On the third night, the same thing happened. Jimmy woke up, took his pillow and blanket, and went to his parents' room. His brother followed him again and got into their parents' bed together with his pillow and blanket.

셋째 날 밤에도, 똑 같은 일이 일어났어요. 지미는 잠에서 깨어나 베개와 이불을 들고 부모님의 방으로 갔어요. 이번에도 형은 자기 베개와 이불을 가지고 지미를 따라 부모님의 침대로 들어갔어요. 그런데 이번에는 큰 형도 잠에서 깨어났어요.

But this time, the oldest brother also woke up.

그런데 이번에는 큰 형도 잠에서 깨어났어요.

Something's not right here, he thought to himself and followed his two younger brothers to Mom and Dad's room.

'뭔가 잘못되었군' 하고 혼자 생각하며 큰 형도 두 동생을 따라 엄마 아빠의 방으로 갔어요.

When he saw his two brothers sleeping together with Mom and Dad, he was very jealous.

큰 형은 어린 두 동생들이 엄마 아빠와 같이 자고 있는 걸 보고 몹시 질투가 났어요.

I also want to sleep in Mom and Dad's bed, **he thought and quietly jumped into the bed.**

큰 형은 '나도 엄마와 아빠 침대에서 잘 거야' 라고 혼자 생각하고는 살그머니 침대에 뛰어들었어요.

They slept like this the whole night. It was really uncomfortable. Mom and Dad didn't rest the whole night. Tossing and turning, they tried to find the most comfortable way to sleep.

그들 모두는 밤새 이렇게 잠을 잤어요. 이렇게 자는 건 정말 불편했어요. 엄마와 아빠는 밤새 한 순간도 편안하게 잘 수가 없었어요. 엄마와 아빠는 편안하게 잘 수 있는 방법을 찾으려고 밤새 이리저리 뒤척이셨어요.

It wasn't easy for the little bunnies either. They turned over and over in the bed until it was almost morning.

어린 토끼들도 이렇게 자는 건 편하지가 않았어요. 아이들도 다음날 아침까지 불편한 침대 안에서 이리저리 돌아누워야 했어요.

Then suddenly...Boom! ...Bang! ...the bed broke!
그런데 갑자기……쿵! 쾅! 하면서 침대가 부서지고
말았어요!

"What happened?" Jimmy shouted as he woke up
right away.
"무슨 일이야?" 지미가 곧바로 잠에서 깨어나며
소리쳤어요.

"What are we going to do now?" said Mom sadly.
"이제 어떻게 하면 좋지?" 엄마가 슬퍼하시며
말씀하셨어요.

"We'll have to build a new bed," Dad announced.
"After breakfast, we'll go to the forest and start
working."
"이제 새 침대를 만들어야겠구나." 아빠가 말씀하셨어요.
"아침을 먹은 후에 모두 숲 속으로 가서 일을 시작하도록
하자."

After breakfast, the whole family went to the forest to build a new bed.
아침 식사 후에 온 가족은 새 침대를 만들기 위해 숲 속으로 갔어요.

After a whole day's work, they had made a big, strong bed out of wood. The only thing left to do was decorate it.
그들은 하루 종일 일을 해서 커다랗고 튼튼한 나무 침대를 하나 만들었어요. 이제 침대를 예쁘게 꾸미는 일만 남았어요.

"We've decided to paint our bed brown," said Mom, "and while we're painting our bed, you can repaint your beds whatever colors you like."

"엄마와 아빠는 침대를 갈색으로 칠하기로 했단다. 엄마와 아빠가 침대를 색칠하는 동안 너희들도 각자 좋아하는 색으로 침대를 색칠하렴."

"I want blue," said the oldest brother with excitement and ran to paint his bed blue.

"난 파랑 색으로 할래." 큰 형이 신이 나서 말하며 자기 침대를 파란 색으로 칠하러 달려갔어요.

"And I choose the color green," said the middle brother happily.

"난 초록색으로 해야지." 작은 형도 기뻐하며 말했어요.

Jimmy took the color red and the color yellow. He mixed the red with the yellow and made his favorite color...orange!

지미는 빨간색과 노란색을 골랐어요. 지미는 빨간색과 노란색을 섞어서 자기가 제일 좋아하는 색깔인……주황색을 만들었어요!

He painted his bed orange and decorated it with red and yellow stars. There were big stars and middle-size stars and even very, very small stars.

지미는 자기 침대를 주황색으로 칠한 다음 빨간 별들과 노란 별들을 예쁘게 그려 넣었어요. 커다란 별들과, 중간 크기의 별들 그리고, 아주 아주 작은 별들도 그렸어요.

After he finished, he ran to Mom and proudly shouted, "Mom, look at my beautiful bed! I love my bed so much. I want to sleep in it every night."

색칠을 다 끝낸 후 지미는 엄마에게 달려가 자랑스럽게 소리쳤어요. "엄마 내 예쁜 침대 좀 보세요! 난 내 침대가 정말 좋아요. 이젠 매일 밤 내 침대에서 자고 싶어요."

Mom smiled and gave Jimmy a big hug.

엄마는 미소를 지으며 지미를 꼬옥 안아주셨어요.

Ever since then, Jimmy has slept in his orange bed every night.

지미는 그때부터 매일 밤 자신의 주황색 침대에서 잤답니다.

Goodnight, Jimmy!
잘 자, 지미!

Made in the USA
Lexington, KY
26 May 2017